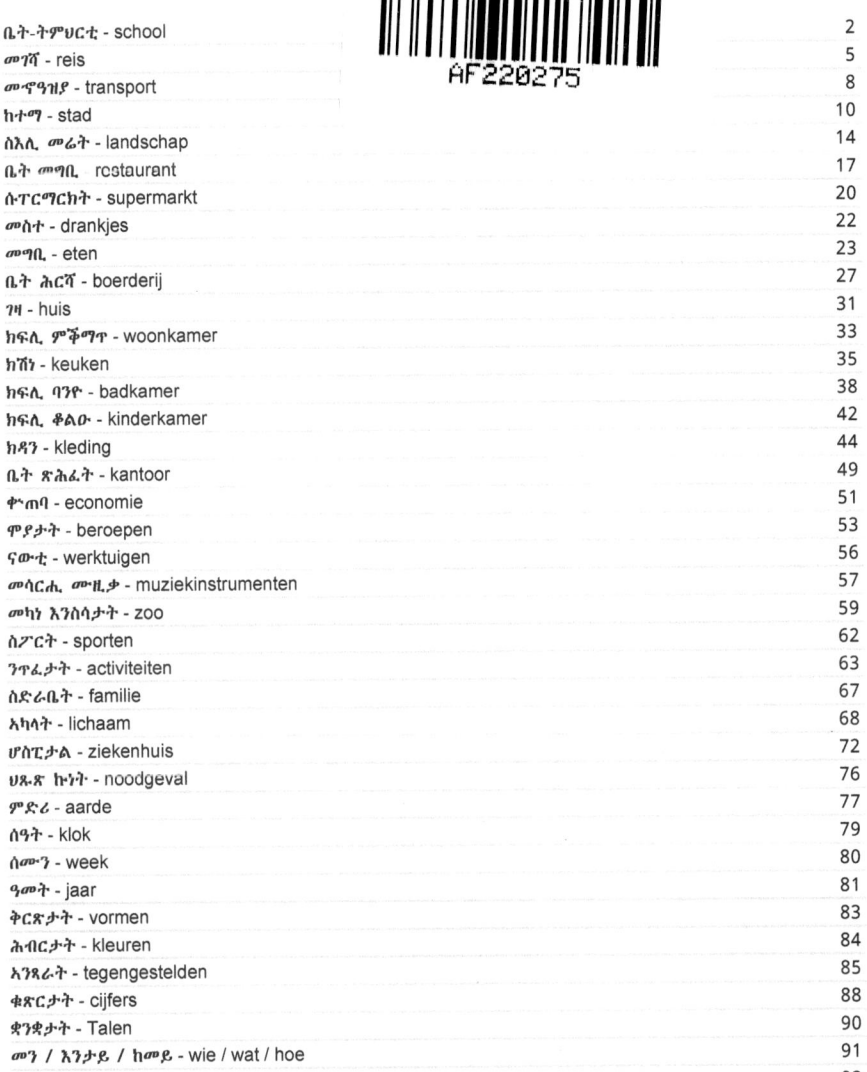

Impressum
Verlag: BABADADA GmbH, Nedderfeld 112 , 22529 Hamburg
Geschäftsführer / Verlagsleitung: Harald Hof
Druck: Books on Demand GmbH, In de Tarpen 42, 22848 Norderstedt

Imprint
Publisher: BABADADA GmbH, Nedderfeld 112 , 22529 Hamburg, Germany
Managing Director / Publishing direction: Harald Hof
Print: Books on Demand GmbH, In de Tarpen 42, 22848 Norderstedt

ቤት-ትምህርቲ

school

ክፍሊ፡ ክላስ
klaslokaal

መቀለ
delen

186/2

ሰሌዳ
bord

ቀጽሪ ቤት-ትምህርቲ
speelplaats

መምህር
leerkracht

ወረቐት
papier

ጻሓፊ
schrijven

መጽሓፊ
pen

ጣውላ ምጽሓፍ
bureau

መለክዒ
liniaal

መጽሓፍ
boek

ተመሃራይ
leerling

ሳንጣ ትምህርቲ

schooltas

ሰፈር ብርዒ

pennenzak

ርሳስ

potlood

መብልሒ ርሳስ

puntenslijper

መደምሰሲ

gom

ጥራዝ ስእሊ

tekenblok

ስእሊ

tekening

ብርዒ ቀለም

verfborstel

ቦክስ ቀለም

verfdoos

መቐስ

schaar

መጣበቒ

lijm

ጥራዝ መላመዲ

werkboek

ዕዮ ገዛ

huiswerk

ቁጽሪ

nummer

ወሰኽ

optellen

ጎደለ

aftrekken

ረብሐ

vermenigvuldigen

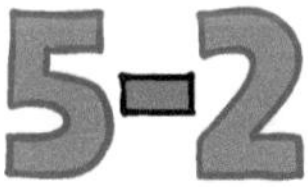

ደመረ

rekenen

A

ፊደል

letter

ABCDEFG
HIJKLMN
OPQRSTU
VWXYZ

ስርዓት ፊደላት

alfabet

ቃል

woord

ጽሑፍ

tekst

ኣንበበ

Lezen

ኩርሽ

krijt

ሰዓት

les

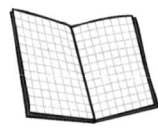

መዝገብ ክላስ

klassenboek

መርመራ

examen

ሰርቲፊከት

certificaat

ድቢዛ ቤትትምህርቲ

schooluniform

ትምህርቲ

onderwijs

ለክሲኮን

encyclopedie

ዩኒቨርሲቲ

universiteit

ሚክሮስኮፕ

microscoop

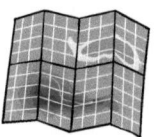

ካርታ

kaart

ጎሓፍ ወረቐት

papiermand

hotel
ሆስተል
jeugdherberg
ቦታ ቅያር ገንዘብ
wisselkantoor
ባሊጃ
koffer
መኪና
auto

ቋንቋ

Taal

እወ / ኖ

ja / nee

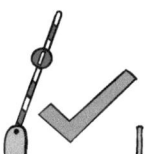

ሕራይ

oké

ሰላም

hallo

ኣስተርጓሚ

vertaler

የቐንየለይ

bedankt

. . . ክንደይ ዋግኡ?

....

Hoeveel kost …?

ኣይተረድኣኹን

....

Ik begrijp het niet

ሽግር

....

probleem

ሰላም ምሸት!

....

Goedenavond!

ከመይ ሓዲርካ

....

Goedemorgen!

ሰላም ለይቲ

....

Goedenavond!

ደሓን ኩን

....

Tot ziens

ኣንፈት

....

richting

ጉዓዝ

....

bagage

ሳንጣ

....

zak

ሳንጣ ሕቑ

....

rugzak

ጋሻ

....

gast

ክፍሊ

....

kamer

ክሻ መደቀሲ

....

slaapzak

ቴንዳ

....

tent

ሓበሬታ በጻሕቲ ሃገር

....

toeristeninformatie

ገምገም ባሕሪ

....

strand

ክረዲት ካርድ

....

kredietkaart

ቁርሲ

....

ontbijt

ምሳሕ

....

lunch

ድራር

....

avondeten

ቲከት

....

ticket

ሊፍት

....

lift

ማሕተም ደብዳበ

....

postzegel

ዶብ

....

grens

ድጓና

....

douane

ኣምበሲ

....

ambassade

ቪዛ

....

visum

ፓስፖርት

....

paspoort

መጓዓዝያ

transport

ነፋሪት
vliegtuig
መርከብ
schip
መኪና መጥፋኢ ሓዊ
brandweerwagen
ናይ ጽዕነት መኪና
vrachtwagen
bus
ጃልባ ሞቶር
motorboot
መኪና
auto
ብሽግለታ
fiets

ፈሪ

veerboot

ጃልባ

boot

ሞቶ

motor

መኪና ፖሊስ

politiewagen

መኪና ቅድድም

racewagen

ክራይ መኪና

huurauto

ምውፋይ መካይን

carpoolen

መወሰዲ መኪና

sleepwagen

መኪና ጎሓፍ

vuilniswagen

ሞቶር

motor

ነዳዲ

benzine

እንዳ ነዳዲ

benzinestation

ምልክት ትራፊክ

verkeersbord

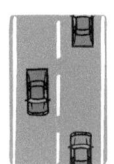

ትራፊክ

verkeer

ምጭቕጫቕ ትራፊክ

file

መዐሸጊ መኪና

parkeerplaats

መዕረፊ ባቡር

station

ሓዲግ

sporen

ባቡር

trein

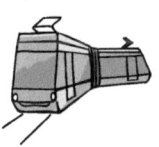

ትረም

tram

ባጎኒ

wagon

ሄሊኮፕተር

helikopter

መዓረፊ ነፈርቲ

luchthaven

ታወር

toren

ተጐዓዚ

passagier

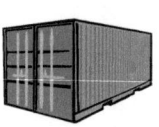

ኮንተይነር

container

ሳንዱቕ ካርቶን

karton

ኮርሳ ጽዕነት

kar

ዘንቢል

mand

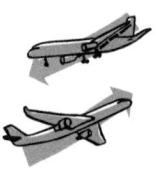

ተበገሰ / ዓለበ

opstijgen / landen

ከተማ

stad

ቊሸት

dorp

ማእከል ከተማ

stadscentrum

ገዛ

huis

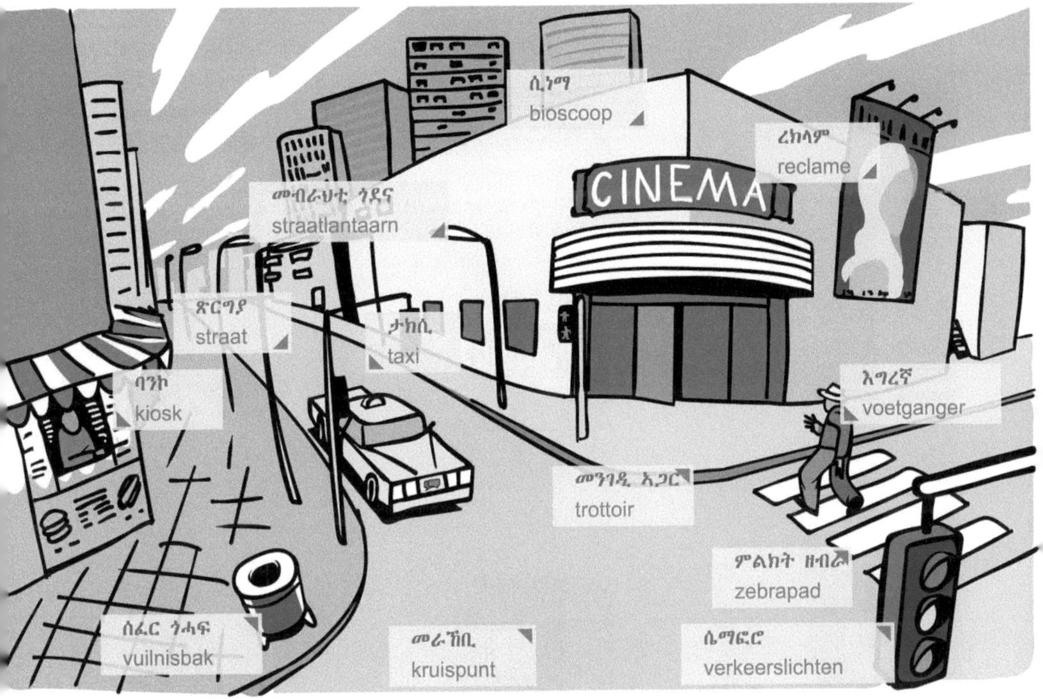

ሲነማ
bioscoop
ረክላም
reclame
መብራህቲ ጎደና
straatlantaarn
ጽርግያ
straat
ታክሲ
taxi
ባንኮ
kiosk
እግረኛ
voetganger
መንገዲ እጋር
trottoir
ምልክት ዘብራ
zebrapad
ሰፈር ጎሓፍ
vuilnisbak
መራኸቢ
kruispunt
ሴማፎሮ
verkeerslichten

ኣጕዶ

hut

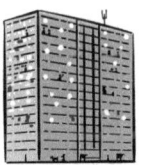

ኣፓርትመንት

woning

መዕረፊ ባቡር

station

ቤት ምምሕዳር

stadshuis

ቤተ መዘክር

museum

ቤት-ትምህርቲ

school

ዩኒቨርሲቲ

universiteit

ባንክ

bank

ሆስፒታል

ziekenhuis

መቐበሊ ኣጋይሽ

hotel

ቤት መድሃኒት

apotheek

ቤት ጽሕፈት

kantoor

ዱኳን መጽሓፍቲ

boekwinkel

ዱኳን

winkel

ዱኳን ዕንባባ

bloemenwinkel

ሱፐርማርክት

supermarkt

ዕዳጋ

markt

ሹቕ

warenhuis

ነጋዳይ ዓሳ

vishandelaar

ሹቕ

winkelcentrum

መርሳ

haven

መዘናግዒ

park

ባንኪ

bank

ድልድል

brug

መደያይቦ

trap

ባቡር ትሕቲ ምድሪ

metro

ቢንቶ

tunnel

መዕረፊ ኣውቶቡስ

bushalte

ቤት መስተ

bar

ቤት-መግቢ

restaurant

ሰታሪት

brievenbus

ታቤላ

straatnaambord

ሰዓት ፓርኪንግ

parkeermeter

መካነ እንስሳታት

zoo

መሓምበሲ

zwembad

መስጊድ

moskee

ቤት ሕርሻ
boerderij

ብከላ
milieuverontreiniging

መቓብር
kerkhof

ቤተክርስትያን
kerk

ቦታ ምጽዋት
speelplaats

ቤት መቕደስ
tempel

ስእሊ መሬት
landschap

አቝጽልቲ
blad

መሕበሪ መገዲ
wegwijzer

መገዲ
weg

ሻኻ
weide

እምኒ
steen

ኮብላሊ
wandelaar

አግራብ
boom

ፈለግ
rivier

ሳዕሪ
gras

ዕንባባ
bloem

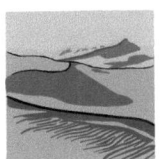

 ስንጭሮ .... vallei	 ጎቦ .... heuvel	 ቀላይ .... meer
 ዱር .... bos	 ምድረ በዳ .... woestijn	 እሳተ-ጎመራ .... vulkaan
 ግምቢ .... kasteel	 ቀስተ-ደመና .... regenboog	 ቃንጥሻ .... paddenstoel
 ዓርኮብኮባይ .... palmboom	 ጣንጡ .... mug	 ሃመማ .... vlieg
 ጻጸ .... mier	 ንህቢ .... bijl	 ሳሬት .... spin

ሕንዚዝ
....
kever

ዕንቅርዖብ
....
kikker

ምጽጹላይ
....
eekhoorn

ቅንፍዝ
....
egel

ማንቲለ
....
haas

ጉንጓ
....
uil

ጭሩ
....
vogel

ስዋን
....
zwaan

መፍለስ
....
wild zwijn

ዓጋዘን
....
hert

ሙስ
....
eland

ግድብ
....
dam

ተርባይን ንፋስ
....
windturbine

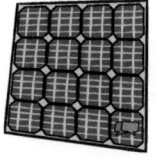

ሶላር ስርሓት
....
zonnepaneel

ኩነታት ኣየር
....
klimaat

ቤት-መግቢ
restaurant

ober
ካርታ መግብታት
menu
መንበር
stoel
መረቕ
soep
ፒትሳ
pizza
መመታተሪ
bestek
ክዳን ጣውላ
tafelkleed

ቅድመ ቀንዲ መግቢ

....

voorgerecht

ቀንዲ መኣዲ

....

hoofdgerecht

ድሕረ መግቢ

....

nagerecht

መስተ

....

drankjes

መግቢ

....

eten

ጥርሙዝ

....

fles

ስሉጥ መግቢ

....

fastfood

መግቢ ጽርግያ

....

street food

ብርጭቆ ሻሂ

....

theepot

ታኒካ ሽኮር

....

suikerpot

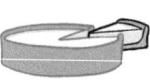

ክፋል

....

portie

ማሺን ኤስፕረሶ

....

espressomachine

ነዊሕ መንበር

....

kinderstoel

ጸብጻብ

....

rekening

ታብለት

....

dienblad

ካራ

....

mes

ፋርከታ

....

vork

ማንካ

....

lepel

ማንካ ሻሂ

....

theelepel

ሰርቭየተ

....

serviette

ብኬሪ

....

glas

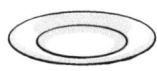

ሸሓኒ

....

bord

ሸሓኒ መረቕ

....

soepbord

ትሕቲ ኩባያ

....

schoteltje

ጸብሒ

....

saus

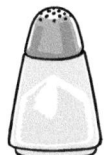

ወሃቢ ጨው

....

zoutvatje

መጥሓን በርበረ

....

pepermolen

ኣቻቶ

....

azijn

ዘይቲ

....

olie

ቀመም

....

kruiden

ከቹፕ

....

ketchup

ኣድሪ

....

mosterd

ማዩኒዝ

....

mayonaise

ሱፐርማርክት

supermarkt

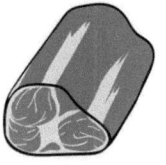

ወፈያ
aanbieding
FOR
ዓሚል
klant
ፍርያታት ጸባ
zuivelproducten
ፍረታት
fruit
ሰረገላ ዱኳን
winkelwagen

እንዳ ስጋ

slagerij

እንዳ ባኒ

bakkerij

ክብደት

wegen

ኣሕምልቲ

groenten

ስጋ

vlees

መግቢ ፍሪጅ በረድ

diepvriesvoedsel

ዝሑል ቅሩብ መግቢ

charcuterie

እስቃጥላ

conserven

ኣሞ

waspoeder

ምቁር መግቢ

snoep

ዘቤታውያን ኣቕሑ

huishoudproducten

ናውቲ መጸረዪ

schoonmaakproducten

ሸቃጣይ

verkoopster

ካሳ

kassa

ተሓዝ ገንዘብ

kassier

ዝርዝር ምግዛእ

boodschappenlijstje

ክፉት ሰዓታት

openingstijden

ማሕፉዳ

portefeuille

ክረዲት ካርድ

kredietkaart

ሳንጣ

tas

ፌስታል

plastieken zakje

መስተ

drankjes

ማይ

water

ጽማቝ

sap

ጸባ

melk

ኮላ

cola

ነቢት

wijn

ቢራ

bier

ኣልኮል

alcohol

ካካው

cacao

ሻሂ

thee

ቡን

koffie

ኤስፕረሶ

espresso

ካፑቺኖ

cappuccino

ባናና

banaan

ቱፋሕ

appel

ኣራንሺ

sinaasappel

ብርጭቕ

meloen

ለሚን

citroen

ካሮት

wortel

ጻዕዳ ሽጉርቲ

knoflook

ባምቡስ

bamboe

ሽጉርቲ

ajuin

ቅንጥሻ

champignon

ፋል

noten

ፓስታ

noodles

ስፓገቲ

spaghetti

ሩዝ

rijst

ሰላጣ

salade

ቅልዋ ድንሽ

frieten

ቅሉው ድንሽ

gebakken aardappelen

ፒትሳ

pizza

ሃምቡርገር

hamburger

ፓኒኖ

sandwich

ቢስተካ

kalfslapje

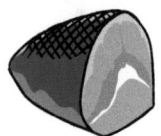

ሰለፍ ሓሰማ

ham

ሳላሚ

salami

ግዕዝም

worst

ደርሆ

kip

ቀለወ

braden

ዓሳ

vis

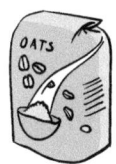

ገዓት

havervlokken

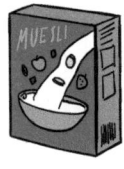

ሙስሊ

muesli

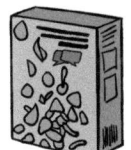

ኮርንፍለይክስ

cornflakes

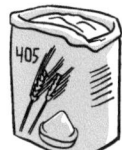

ሓርጭ

bloem

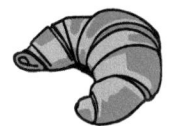

ክሮሶን

croissant

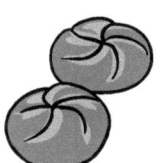

ባኒ

pistolet

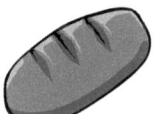

ባኒ

brood

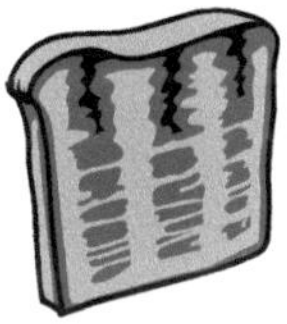

ቶስት

toast

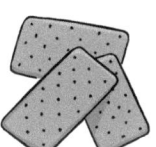

ብሽኮቲ

koekjes

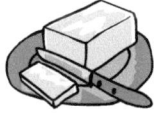

ጠስሚ

boter

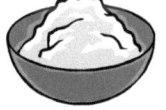

ርግኦ

kwark

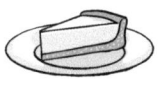

ፓስተ

taart

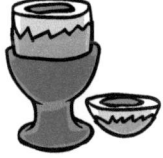

እንቋቍሖ

ei

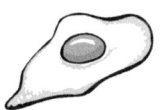

ቅሉው እንቋቍሖ

spiegelei

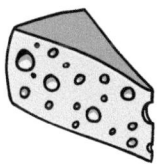

ፉርማጆ

kaas

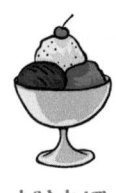

ኣይስ ክሪም

....

ijs

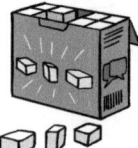

ሽኮር

....

suiker

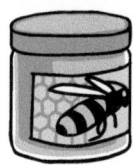

መዓር

....

honing

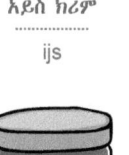

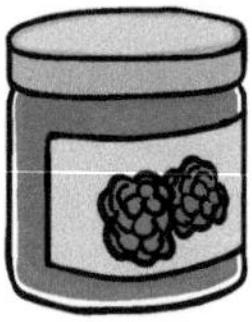

ጀም

....

confituur

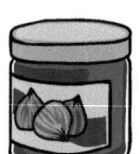

ኑጋት-ክሪም

....

choco

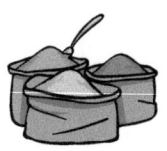

ኩሪ

....

curry

ቤት ሕርሻ
boerderij

ሓሰር ቦንዳ
strobaal

መኽዘን
schuur

ግራት
veld

ፈረስ
paard

ተስሓቢ
aanhangwagen

ትራክተር
tractor

ኣድጊ
ezel

ዒሉ
veulen

ዕየት
lam

በጊዕ
schaap

ጤል

geit

ብዕራይ

koe

ምራኽ

kalf

ሓሰማ

varken

ውላድ ሓሰማ

biggetje

ኣርሓ

stier

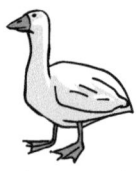

ዓዓ

gans

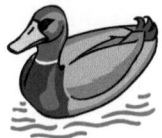

ማይ ደርሆ

eend

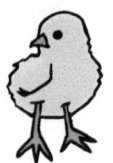

ጫቑት

kuiken

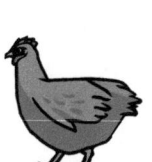

ደርሆ

kip

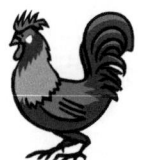

ኣርሓ ደርሆ

haan

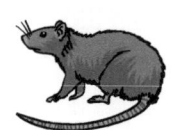

ኣንጨዋ ዓባይ

rat

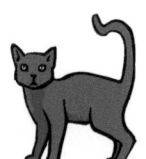

ድሙ

kat

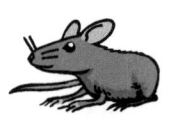

ኣንጭዋ

muis

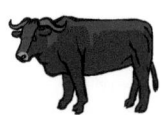

ብዕራይ

os

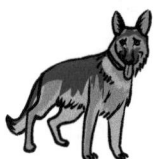

ከልቢ

hond

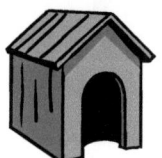

ኣጕዶ ከልቢ

hondenhok

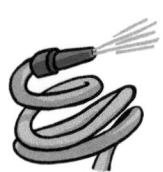

ቱባ ጀርዲን

tuinslang

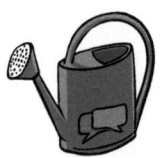

መዝፈፊ ማይ

gieter

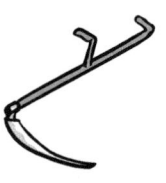

ዓቢ ማዕጺድ

zeis

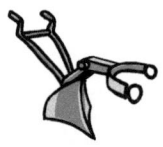

ማሕረሻ

ploeg

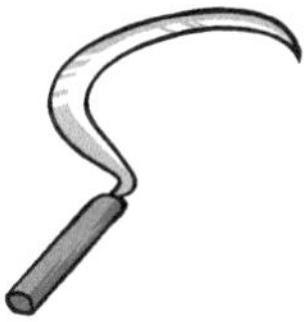

ማዕጺድ

sikkel

ጭኺሮ

schoffel

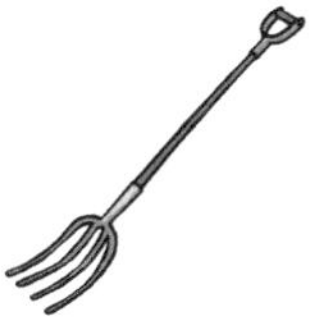

መስአ

hooivork

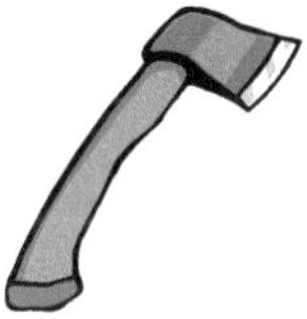

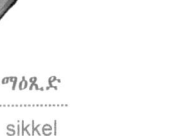

ፋስ

bijl

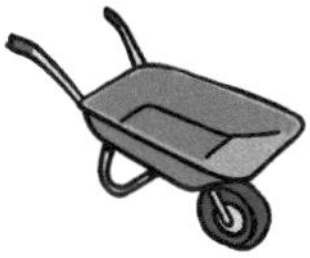

ዓረብያ ኢድ

kruiwagen

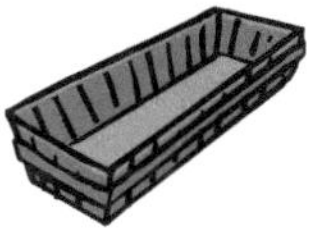

ጋብላ

trog

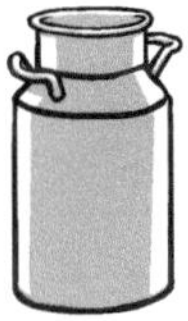

ብርጭቆ ጸባ

melkkan

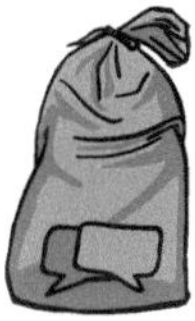

ክሻ

zak

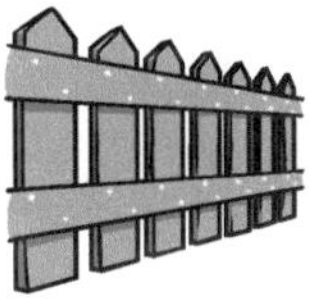

ሓጹር

hek

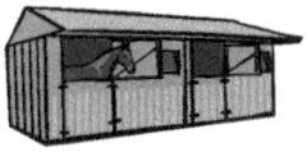

መንሰስ

stal

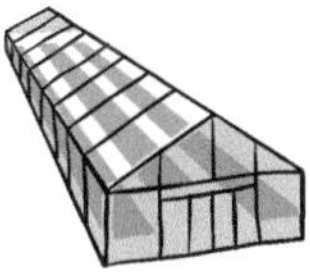

ቖጠልያ ገዛ

broeikas

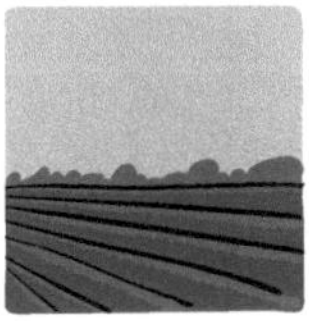

ባይታ

bodem

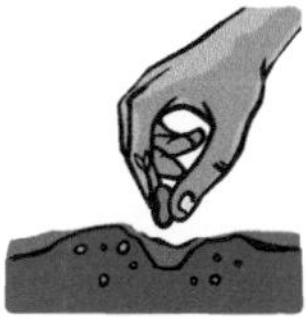

ዘርኢ

zaad

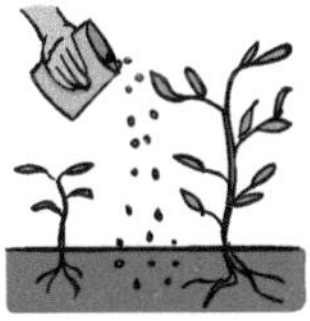

ድኹዒ

mest

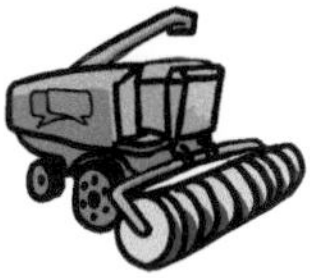

ዘጣምር ቀውዓይ

maaidorser

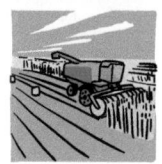

ቀውዐ

....

oogsten

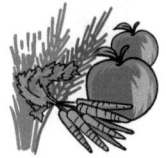

ጻማ

....

oogst

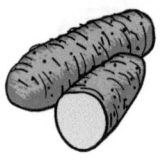

ድንሽ ያም

....

yam

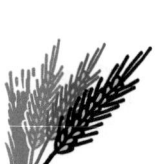

ስርናይ

....

tarwe

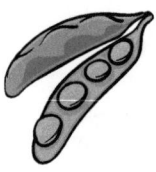

ሶያ

....

soja

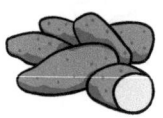

ድንሽ

....

aardappel

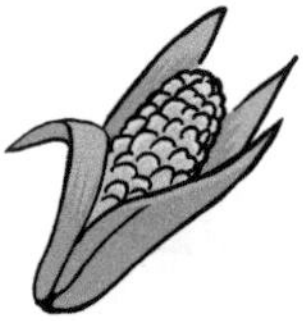

ዕፉን

....

maïs

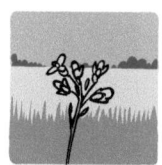

ራፕስ

....

koolzaad

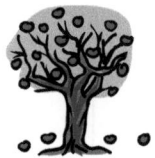

ገረብ ፍረታት

....

fruitboom

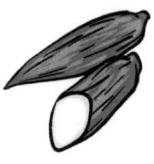

ማኒኦክ

....

maniok

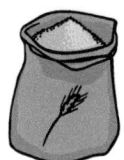

ኣእኽል

....

graan

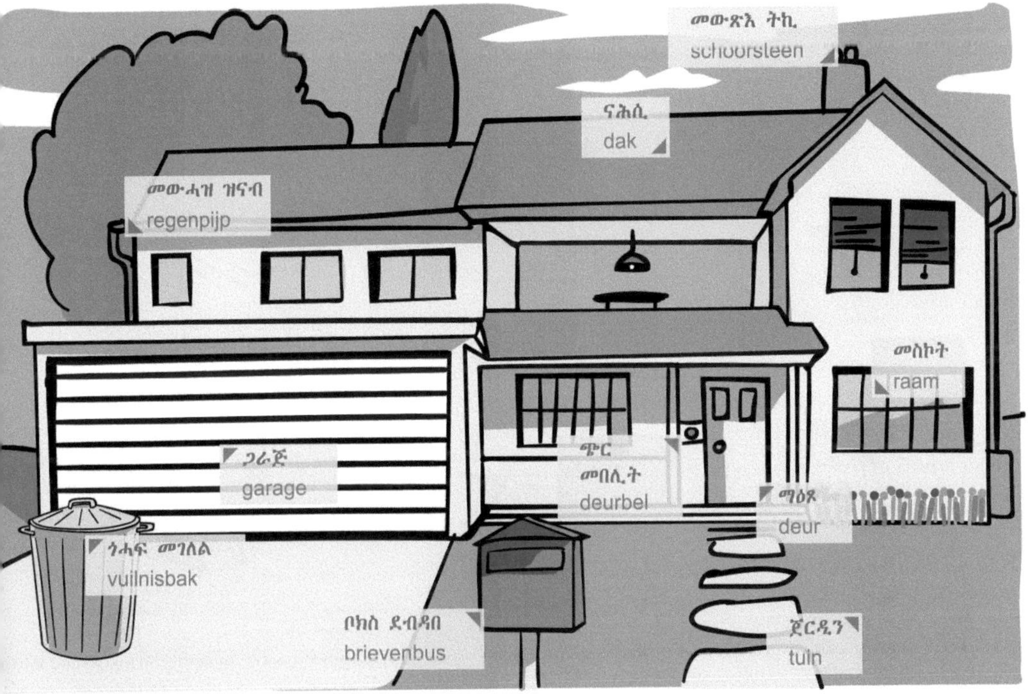

መውጽእ ትኪ
schoorsteen
ናሕሲ
dak
መውሓዝ ዝናብ
regenpijp
መስኮት
raam
ጋራጅ
garage
ጭር
መበሊት
deurbel
ማዕጾ
deur
ጓሓፍ መገለል
vuilnisbak
ቦክስ ደብዳበ
brievenbus
ጀርዲን
tuin

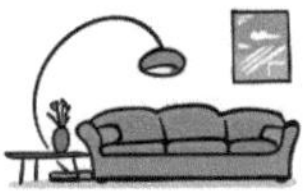

ክፍሊ ምቕማጥ

....

woonkamer

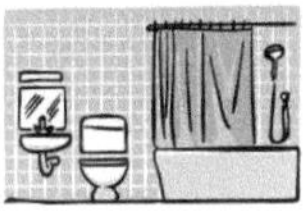

ክፍሊ ባንዮ

....

badkamer

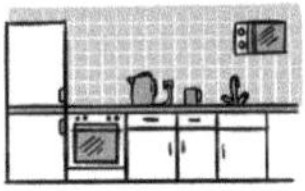

ክሽነ

....

keuken

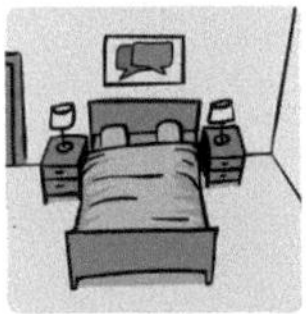

ክፍሊ መደቀሲ

....

slaapkamer

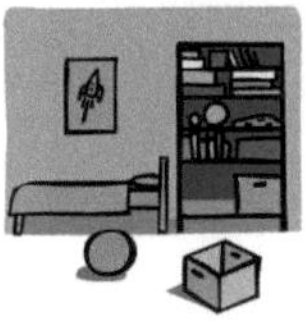

ክፍሊ ቆልዑ

....

kinderkamer

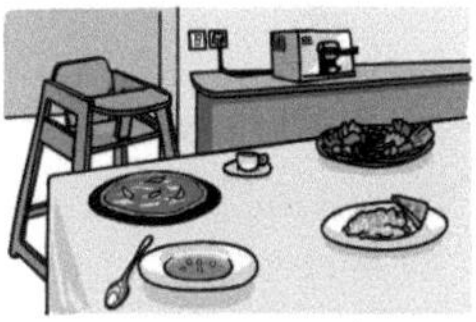

መመገቢ ክፍሊ

....

eetkamer

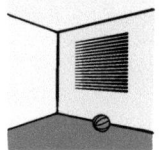

ባይታ

....

vloer

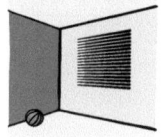

መንደቕ

....

muur

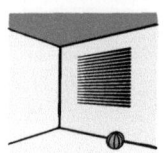

ከቦርታ

....

plafond

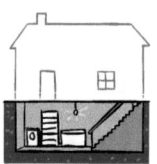

ካንቲና

....

kelder

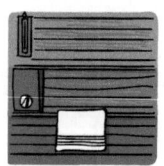

ሳውና

....

sauna

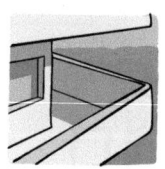

ባልኮን

....

balkon

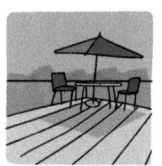

ዛላ

....

terras

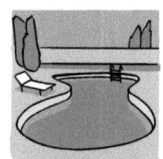

መሕምበሲ

....

zwembad

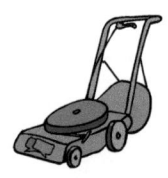

መቐረጺ ሳዕሪ

....

grasmaaier

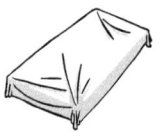

ኣንሶላ ዓራት

....

dekbedovertrek

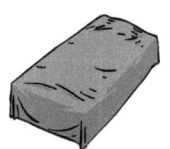

ከቦርታ ዓራት

....

dekbed

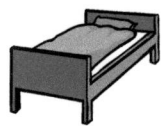

ዓራት

....

bed

መኾስተር

....

bezem

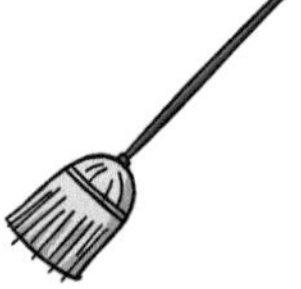

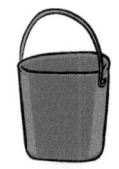

መገለል

....

emmer

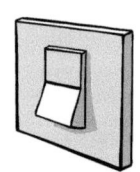

መወልዒት

....

schakelaar

ክፍሊ ምቕማጥ

woonkamer

behangpapier
ስእሊ
foto
ላምፓ
lamp
ከብሒ
schap
ከብሒ
kast
ተለቪዥን
televisie
መውጽኢ ትኪ ኣብ ገዛ
open haard
ዕንባባ
bloem
kussen
ሳሎን
sofa
vaas
ሪሞት
afstandsbediening

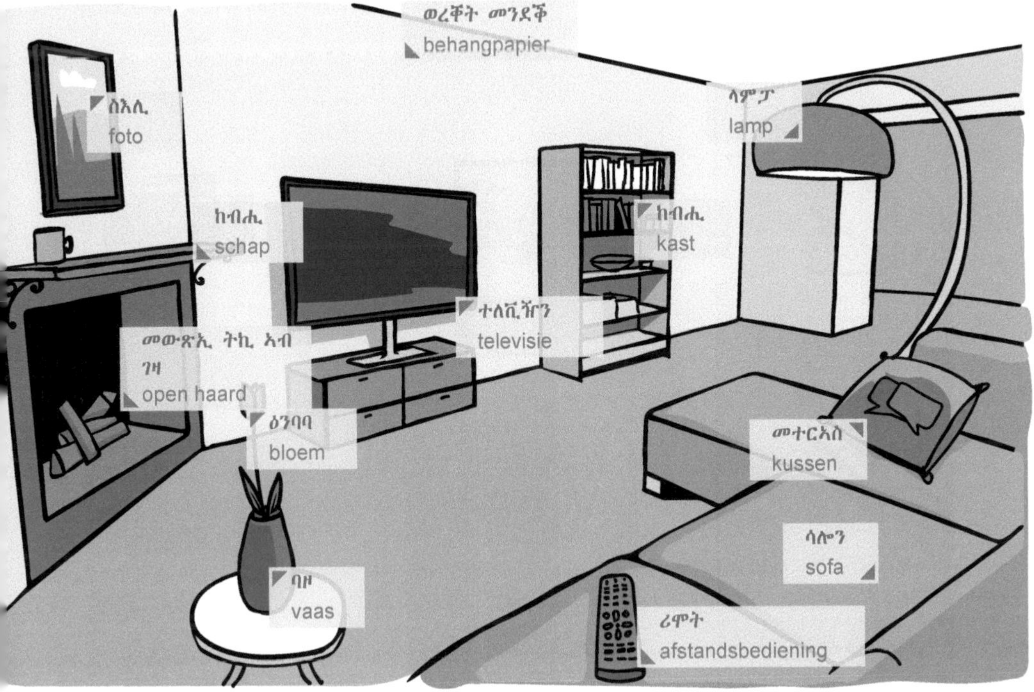

መንጸፍ
mat

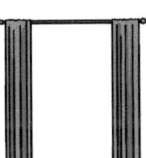

መጋረጃ
gordijn

ጣውላ
tafel

መንበር
stoel

ሰለል ዝብል መንበር
schommelstoel

መንበር ምቹእ
fauteuil

መጽሓፍ

....

boek

ከቦርታ

....

deken

ስልማት

....

decoratie

እንጨይቲ ሓዊ

....

brandhout

ፊልም

....

film

ስተሪዮ

....

stereo-installatie

መፍትሕ

....

sleutel

ጋዜጣ

....

krant

ቕብኣ

....

schilderij

ፖስተር

....

poster

ረድዮ

....

radio

ጥራዝ

....

notitieboekje

መልገሲ ደሮና

....

stofzuiger

በለስ

....

cactus

ሽምዓ

....

kaars

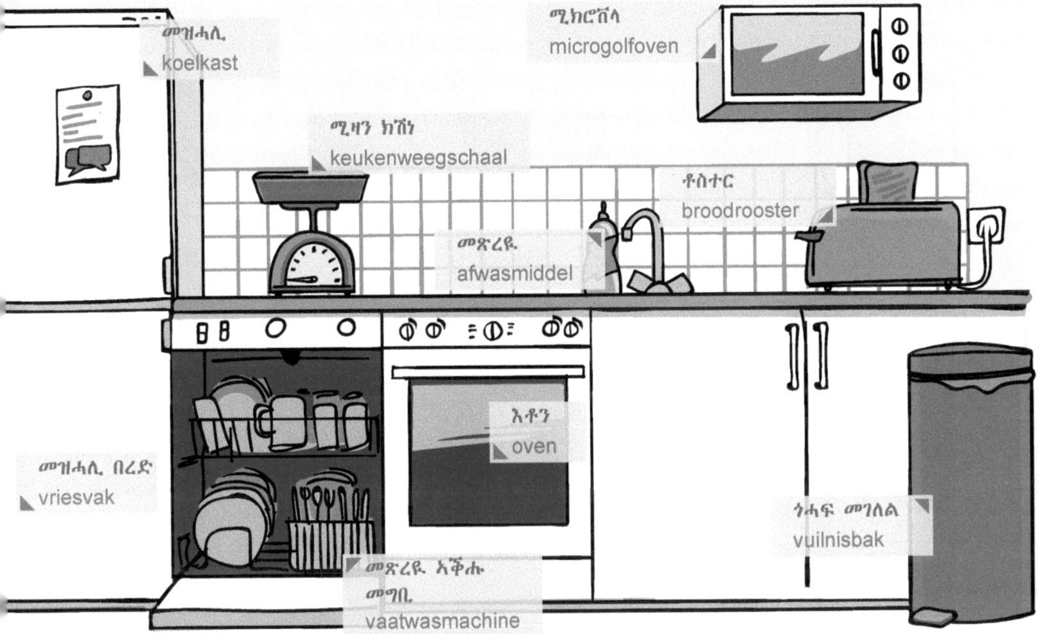

መዝሓሊ
koelkast

ሚክሮቭሳ
microgolfoven

ሚዛን ክሽን
keukenweegschaal

ቶስተር
broodrooster

መጽረዪ
afwasmiddel

እቶን
oven

መዝሓሊ በረድ
vriesvak

ጎሓፍ መገለል
vuilnisbak

መጽረዪ ኣቕሑ
መግቢ
vaatwasmachine

መኽሽኒ
fornuis

ድስቲ
pot

ድስቲ ሓጺን
gietijzeren pot

ዎክ/ካዳይ
wok / kadai

ባደላ
pan

መውዓዪ ማይ
waterkoker

መፍልሒ

stoomkoker

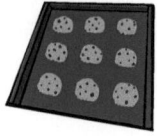

ጓንቴራ ምስንካት

bakplaat

ኣቑሑ መግቢ

servies

ብርጭቆ

mok

ጭሖሎ

kom

ማንካቺና

eetstokjes

ማንካ መረቕ

pollepel

መገልበጢ ባደላ

spatel

መኾስተር ውርጪ

garde

መንፌት መግቢ

vergiet

መንፌት

zeef

መፋሕፍሒ

rasp

ሞርታር

mortier

ባርቢክዩ

barbecue

ስፍራ ሓዊ

haardvuur

እንጨይቲ ምምታር

snijplank

እንጨይቲ ኰረር

deegrol

መኽፈት ቡሽ

kurkentrekker

ታኒካ

blik

መኽፈቲ ታኒካ

blikopener

ጨርቂ ድስቲ

pannenlap

ቡምባ

gootsteen

ኣስባስላ

borstel

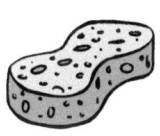

ሰፍነግ

spons

ሓዋሲ ኣደባላቒ

blender

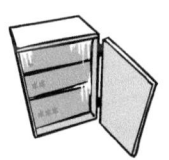

መዝሓሊ በረድ

vriezer

ጥርሙዝ ማማይ

papfles

ቡምባ ማይ

kraan

badkamer

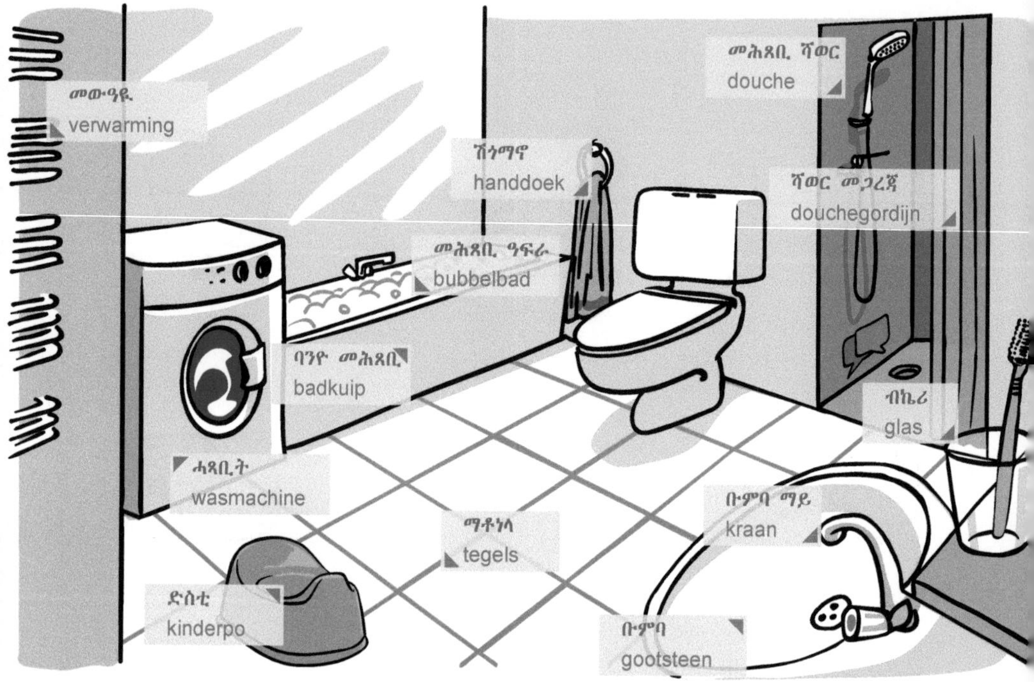

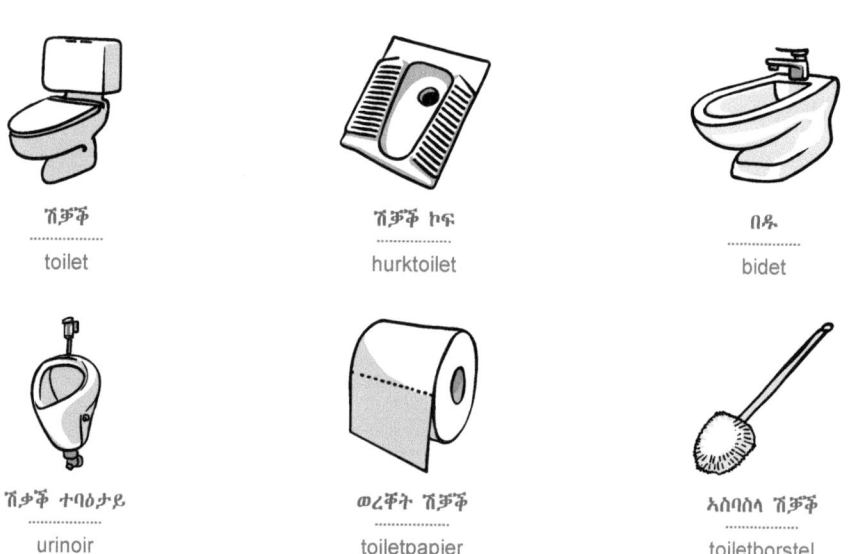

መውዓዪ
verwarming

መሕጸቢ ሻወር
douche

ሽጎማኖ
handdoek

ሻወር መጋረጃ
douchegordijn

መሕጸቢ ዓፍራ
bubbelbad

ባንዮ መሕጸቢ
badkuip

ብኬሪ
glas

ሓጻቢት
wasmachine

ማቶነላ
tegels

ቡምባ ማይ
kraan

ድስቲ
kinderpo

ቡምባ
gootsteen

ሽቓቕ	ሽቓቕ ኮፍ	በዱ
toilet	hurktoilet	bidet

ሽቓቕ ተባዕታይ	ወረቐት ሽቓቕ	አስባስላ ሽቓቕ
urinoir	toiletpapier	toiletborstel

ኣስባስላ ስኒ
....
tandenborstel

ክረማ ስኒ
....
tandpasta

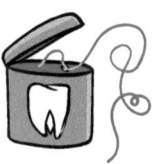

ሃሪ ስኒ
....
flosdraad

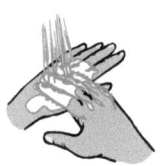

ሓጸበ
....
wassen

ዱሽ ኢድ
....
handdouche

ዱሽ
....
bidethanddouche

ብርጭቆ ምሕጻብ
....
waskom

ኣስባስላ ሕቖ
....
rugborstel

ሳምና
....
zeep

ሻወር ጀል
....
douchegel

ሻምፑ
....
shampoo

ጨርቂ መሕጸቢ
....
washandje

መውሓዚ
....
afvoer

ክረማ
....
crème

ደዮ ጨና
....
deodorant

መስትያት

....

spiegel

ናይ ኢድ መስትያት

....

handspiegel

መላጸ

....

scheermes

ዓፍራ ምልጻይ

....

scheerschuim

ጨና ድሕሪ ምልጻይ

....

aftershave

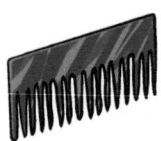

መመሸጥ

....

kam

ኣስባስላ

....

borstel

መንቐጺ ጸግሪ

....

haardroger

ስፕረይ ጸግሪ

....

haarlak

መመላኽዒ

....

make-up

ብርዒ ቀለም ከንፈር

....

lippenstift

ኣዝማልቶ

....

nagellak

ጸምሪ ጡጥ

....

watten

መስደዲ ጽፍሪ

....

nagelknipper

ጨና

....

parfum

ሳንጣ መሕጸቢ

toilettas

ድኳ

kruk

ሚዛን

weegschaal

ክዳን መሕጸቢ

badjas

ጓንቲ መጸረዪ

latex handschoenen

ታምፖን

tampon

ጨርቂ ሰበይቲ

maandverband

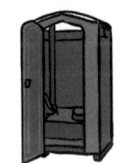

ሽቓቕ ከሚስትሪ

chemisch toilet

ክፍሊ ቆልዑ

kinderkamer

መተስኢ
wekker
መጻወቲ እንስሳ
knuffel
መጻወቲ መኪና
speelgoedauto
ኳሕኳሕ መበሊ
rammelaar
ቤት ባምቡላ
poppenhuis
ህያብ
geschenk

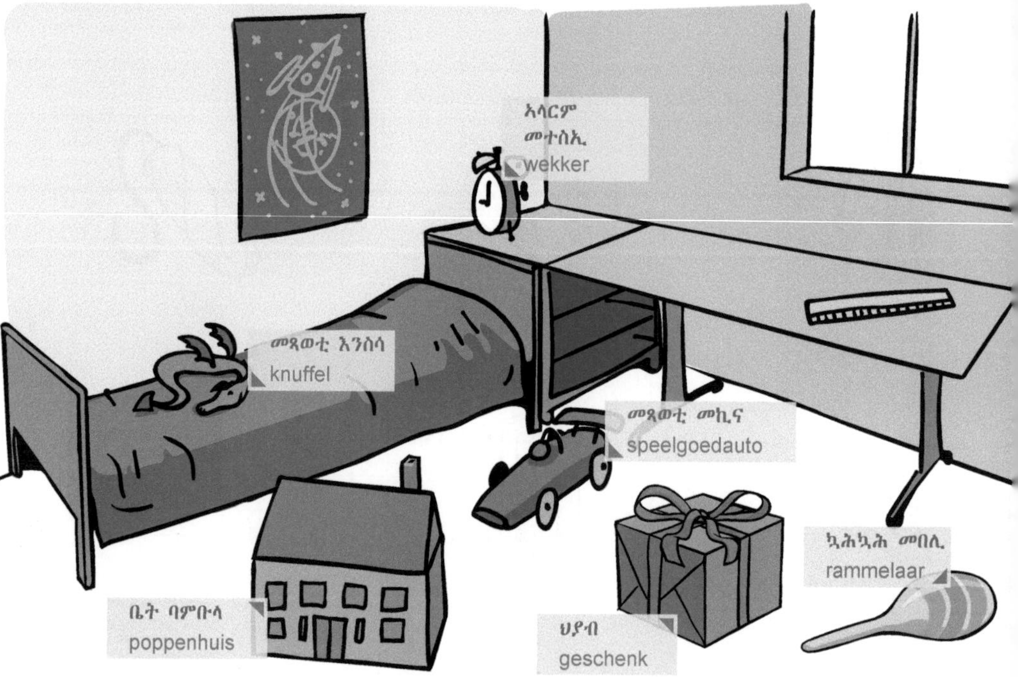

ባላንችና

ballon

ዓራት

bed

ሰረገላ ህጻን

kinderwagen

ጸወታ ካርታ

spel kaarten

ሕንቅሊተይ

puzzel

ኮሜዲ

stripboek

እምንታት መጻወቲ ለጎ

legoblokjes

መጻወቲ እምንታት

blokken

በዓል ኣክቾን

actiefiguur

ክዳን ማማይ

kruippakje

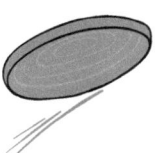

ፍሪስቢ

frisbee

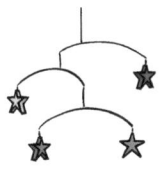

ሞባይል ማማይ

mobiel

ጸወታ ሰሌዳ

bordspel

ኩቦ

dobbelsteen

ሞደል ባቡር ምድሪ

modelspoorweg

ዓባስ

fopspeen

ፓርቲ

feest

መጽሓፍ ስእሊ

prentenboek

ኩዕሶ

bal

ባምቡላ

pop

ተጻወተ

spelen

መጻወቲ ሑጻ

zandbak

ሰላል

schommel

መጻወቲታት

speelgoed

ኮንሶል ቪድዮ

spelconsole

መጻወቲ ሰለስተ መንኮርኮር

driewieler

ተዲ

knuffelbeer

ከብሒ ክዳን

kleerkast

ክዳን
kleding

ካልስታት

sokken

ነዊሕ ካልስታት

kousen

ስረ ካልሲ

maillot

ሻርባ
sjaal

ጽላል
paraplu

ቁልፊ
riem

ማልያ
T-shirt

ረፋዕ
laarzen

ጫማ ገዛ
slippers

ስኒከርስ
sneakers

ሻበጥ	ጫማ	ረፋዕ ጎማ
sandalen	schoenen	rubberlaarzen
ሙታንታ	ክዳን ጡብ	ትሕተ ካሚቾ
onderbroek	beha	onderhemd

ቦዲ

lichaam

ስረ

broek

ጂንስ

jeans

ቀምሽ

rok

ካምቻ

blouse

ካሚቻ

hemd

ጉልፎ

trui

ጎልፎ

capuchontrui

ጃኬት

blazer

ጃከት

jas

ጁባ

jas

ክዳን ዝናብ

regenjas

ኮስቱም

kostuum

ቀምሽ

jurk

ቀምሽ መርዓ

trouwjurk

ልብሲ

pak

ካሚቻ ለይቲ

nachthemd

ክዳን ለይቲ

pyjama

ሳሪ

sari

መሃረብ ርእሲ

hoofddoek

ቱርባን

tulband

ቡርካ

boerka

ካፍታን

kaftan

ኣባያ

abaya

ክዳን መሕምበሲ

badpak

ስረ መሕምበሲ

zwembroek

ሓጺር ስረ

short

ክዳን ታዕሊም

trainingspak

በጃ ክዳን

schort

ጓንቲ

handschoenen

መልጎም
....
knoop

መነጽር
....
bril

በንናጅር
....
armband

ማዕተብ
....
ketting

ቀለበት
....
ring

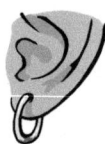

ኩትሻ
....
oorbel

ቆብዕ
....
pet

መንበሪ ጁባ
....
kapstok

ባርነጣ
....
hoed

ካርራቫት
....
das

ሻርነጣ
....
rits

ሀልመት
....
helm

መድልደል ስረ
....
bretellen

ድቢዛ ቤትትምህርቲ
....
schooluniform

ድቢዛ
....
uniform

ሰደርያ ቆልዓ

slabbetje

ዓባስ

fopspeen

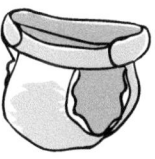

ጨርቂ ማማይ

luier

ቤት ጽሕፈት
kantoor

ሰርቨር
server
ከብሒ ሰነድ
dossierkast
printer
ወረቐት
papier
ሞኒቶር
monitor
ኣንጭዋ
muis
ጣውላ ምጽሓፍ
bureau
map
ኪቦርድ
toestenbord
ጉሓፍ ወረቐት
papiermand
ኮምፒተር
computer
መንበር
stoel

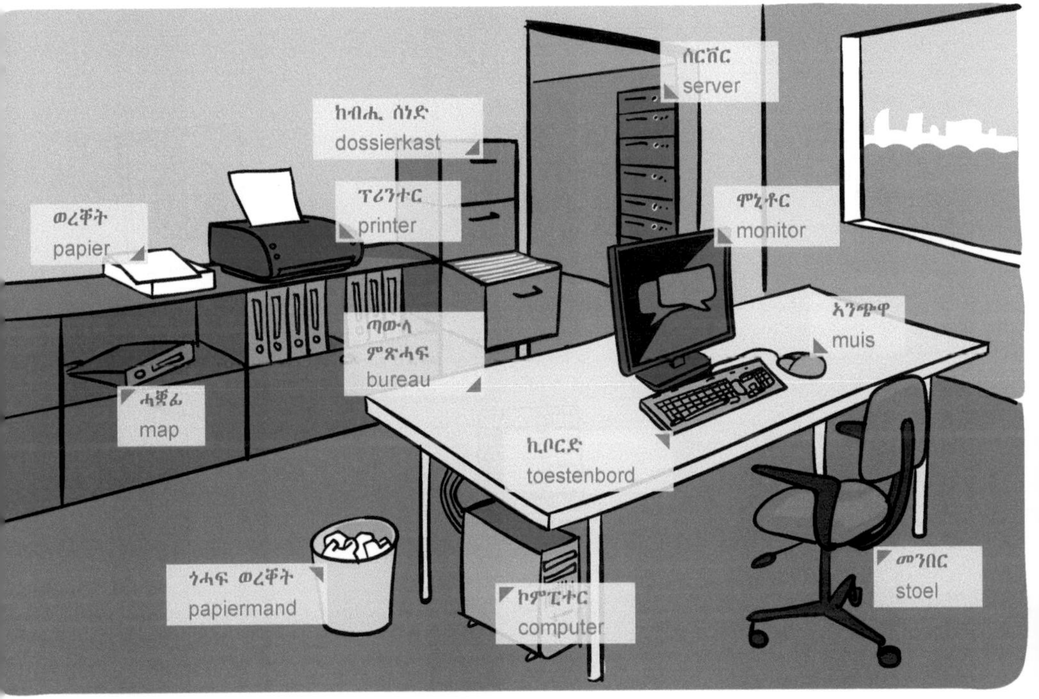

ብርጭቆ ቡን

koffiemok

ካልኩለተር

rekenmachine

ኢንተርነት

internet

ለፕቶፕ
....
laptop

ደብዳበ
....
brief

መልእኽቲ
....
bericht

ሞባይል
....
gsm

ነትወርክ/መርበብ
....
netwerk

መቅድሒ ፎቶኮፒ
....
kopieerapparaat

ሶፍትዌር
....
software

ተለፎን
....
telefoon

ሶከት ኳረንቲ
....
stopcontact

ፋክስ
....
fax

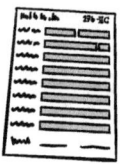

ፎርም
....
formulier

ሰነድ
....
document

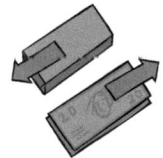

ገዝአ

kopen

ከፈለ

betalen

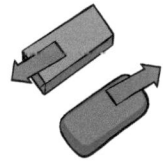

ንግዲ

handelen

ገንዘብ

geld

ዶላር

dollar

ኦይሮ

euro

የን

yen

ሩብል

roebel

ስዊዝ ፍራንክን

Zwitserse frank

ረንሚንቢ ዩዋን

Chinese renminbi

ሩፒየ

roepie

መውጽኢ ማሺን ገንዘብ

geldautomaat

ቦታ ቅያር ገንዘብ

....

wisselkantoor

ወርቂ

....

goud

ብሩር

....

zilver

ዘይቲ

....

olie

ሓይሊ

....

energie

ዋጋ

....

prijs

ውዕል

....

contract

ቀረጽ

....

belasting

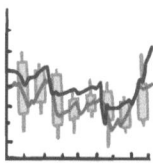

እኩብ ጥረ-ነገራት

....

aandeel

ሰርሐ

....

werken

ሰራሕተኛ

....

werknemer

ኣስራሒ

....

werkgever

ትካል

....

fabriek

ዱኳን

....

winkel

ሞያታት

beroepen

በዓል ፖሊስ
politieagent
brandweerman
ከሻኒ
kok
ሓኪም
dokter
መራሒ ነፋሪት
piloot

ሰራሕተኛ ጀርዲን

....

tuinman

ጸራቢ ዕንጸይቲ

....

timmerman

ሰፋይት

....

naaister

ፈራዳይ

....

rechter

ቀማሚ

....

chemicus

ተዋሳኢ

....

acteur

መራሒ ኣዉቶቡስ

....

buschauffeur

ኣውቲስታ ታክሲ

....

taxichauffeur

ገፋፊ ዓሳ

....

visser

ጸራጊት

....

schoonmaakster

ሃናጻይ ናሕሲ

....

dakdekker

ኣሰላፊ

....

ober

ሃዳናይ

....

jager

ሰኣላይ

....

schilder

እንዳ ሕብስቲ

....

bakker

ኤለትሪከኛ

....

elektricien

ሃናጺ ኣባይቲ

....

bouwvakker

ሃንዳሲ

....

ingenieur

ሰራሕተኛ እንዳ ስጋ

....

slager

ድራብሊኮ

....

loodgieter

ኣማላላሲ ፖስጣ

....

postbode

ወተሃደር

soldaat

መሃንድስ

architect

ተሓዝ ገንዘብ

kassier

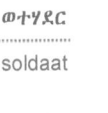

ሰራሕተኛ ዕምባባ

bloemist

ቀምቃማይ

kapper

ፈተሪኖ

conducteur

መካኒክ

mecanicien

መራሒ መርከብ

kapitein

ሓኪም ስኒ

tandarts

ተመራማሪ

wetenschapper

ራቢ

rabbijn

ኢማም

imam

ፈላሲ

monnik

ቀሺ

geestelijke

ናውቲ
werktuigen

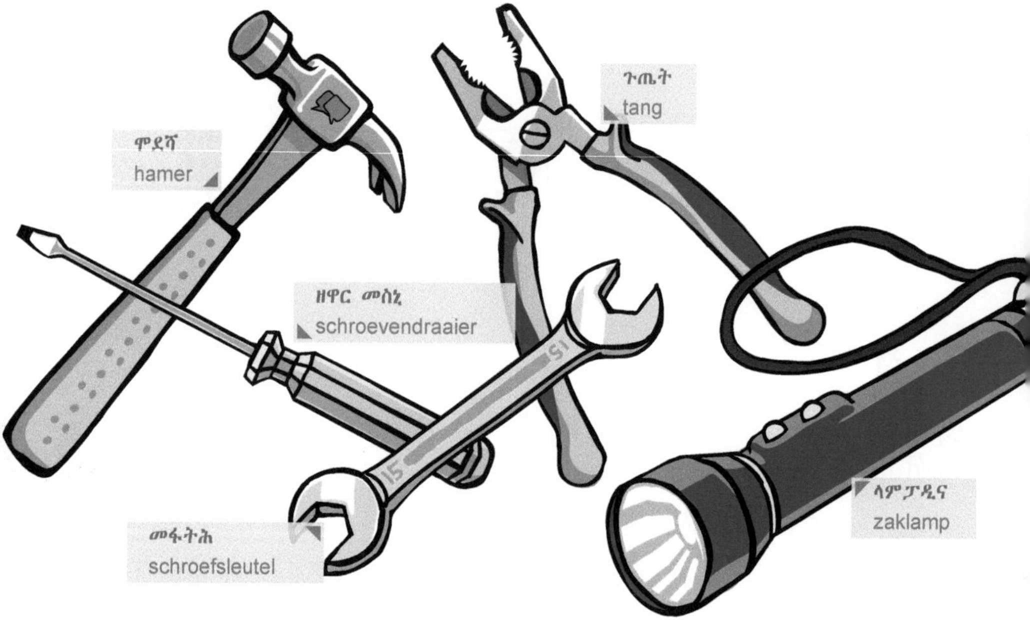

ሞደሻ
hamer
ጉጤት
tang
ዘዋር መስኒ
schroevendraaier
schroefsleutel
ላምፓዲና
zaklamp

ፈሓሪ

graafmachine

ናውቲ ቦክስ

gereedschapskoffer

መደያይቦ

ladder

መጋዝ

zaag

መስማር

spijkers

ኩዓቲ

boormachine

ምዕራይ
repareren

ባደላ
schop

ኣይ!
Verdomme!

መትሓዚ ዶሮና
blik

ድስቲ ቀለም
verfpot

ካቻቢተ
schroeven

መሳርሒ ሙዚቃ

muziekinstrumenten

ከበሮታት
drumstel

እስፒከር
luidspreker

ረጉድ ዓባይ ጊታር
contrabas

ትሮምፐት
trompet

ጊታር
gitaar

ፒያኖ

....

piano

ቪዮሊን

....

viool

ባስ ጊታር

....

basgitaar

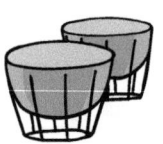

ቲምንኢ

....

pauk

ከቦሮ

....

trommels

ኦርጋን

....

keyboard

ሳክሶፎን

....

saxofoon

ሻምብቆ

....

fluit

ሚክሮፎን

....

microfoon

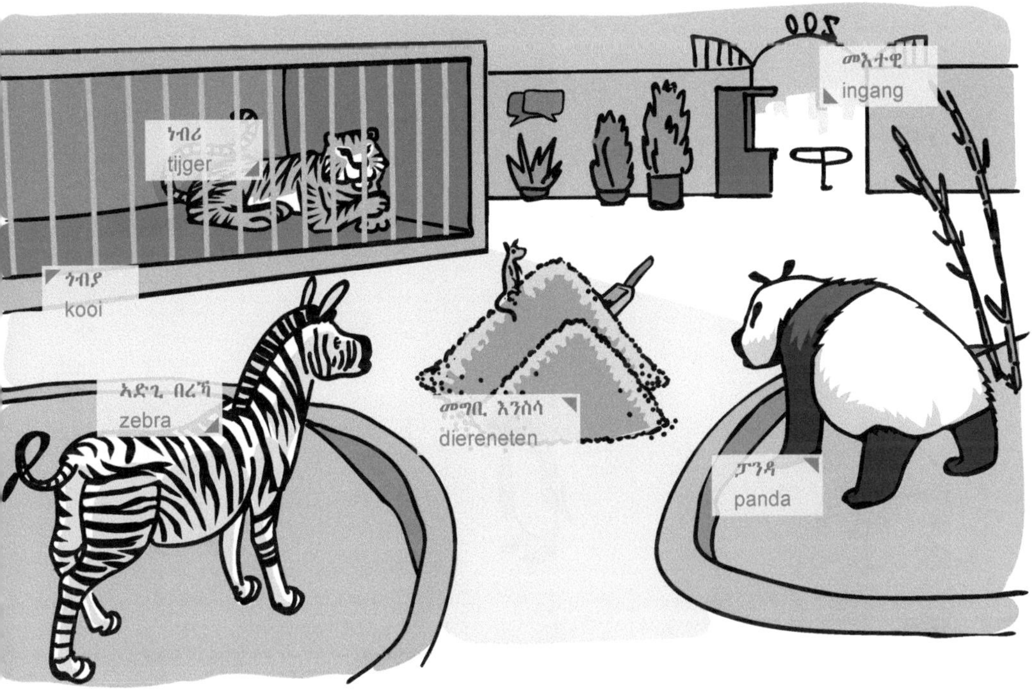

ነብር
tijger

መእተዊ
ingang

ጎብያ
kooi

አድጊ በረኻ
zebra

መግቢ እንስሳ
diereneten

ፓንዳ
panda

እንስሳታት

dieren

ሓርማዝ

olifant

ካንጋሩ

kangoeroe

ሓሪሽ

neushoorn

ጉሪላ

gorilla

ድቢ

beer

ገመል

kameel

ሰገን

struisvogel

ኣንበሳ

leeuw

ህበይ

aap

ፍላሚንጎ

flamingo

ሕንጻይ

papegaai

ድቢ በረድ

ijsbeer

ፒንጉን

pinguïn

ከልቢ ዓሳ

haai

ጣውስ

pauw

ተመን

slang

ሓርገጽ

krokodil

ሓላዊ ቤት ገርድሽ

dierenverzorger

ዓሳ ዚምገብ እንስሳ ባሕሪ

zeehond

ጃጓር

jaguar

ሓጺር ፈረስ

pony

ነብሪ

luipaard

ጉማረ

nijlpaard

ጂራፍ

giraffe

ሊላ

adelaar

መፍለስ

wild zwijn

ዓሳ

vis

ጎብየ

zeeschildpad

ዋልሩስ

walrus

ወኻርያ

vos

ሰስሓ

gazelle

ስፖርት

sporten

ናይ ኣሜሪካ ኩዕሶ እግሪ
rugby
ምዝዋር ብሽግለታ
wielrennen
ተኒስ
tennis
ባስከትባል
basketbal
ምሕምባስ
zwemmen
ቦክሲንግ
boksen
ሆኪ በረድ
ijshockey

ኩዕሶ እግሪ

voetbal

ባድሚንቶን

badminton

እስፖርታዊ ንጥፈታት

atletiek

ኩዕሶ ኢድ

handbal

ስኪ

skiën

ፖሎ

polo

ንጥፈታት

activiteiten

ነጠረ
springen
knuffelen
ሰሓቐ
lachen
ከደ
wandelen
ደረፈ
zingen
dromen
ጸለየ
bidden
ሰዓመ
kussen

ጸሓፈ

schrijven

ሰኣለ

tekenen

ኣርኣየ

tonen

ደፍአ

duwen

ሃበ

geven

ወሰደ

nemen

ኣለወ

hebben

ገበረ

doen

ኮነ

zijn

ጠጠው በለ

staan

ጎየየ

lopen

ሰሓበ

trekken

ሰንደወ

gooien

ወደቐ

vallen

ሓሰወ

liggen

ተጸበየ

wachten

ሰከም

dragen

ኮፍ በለ

zitten

ተኸድነ

aankleden

ደቀሰ

slapen

ተስአ

ontwaken

ረአየ

....

kijken naar

በኸየ

....

wenen

ብኣጻብዑ ደረዘ

....

aaien

መሸጠ

....

kammen

ተዛረበ

....

praten

ተረድአ

....

begrijpen

ሓተተ

....

vragen

ሰምዐ

....

luisteren

ሰተየ

....

drinken

በልዐ

....

eten

ኣቐመጠ

....

opruimen

ኣፍቀረ

....

houden van

ከሸነ

....

koken

ዘወረ

....

rijden

ነፈረ

....

vliegen

ብመርከብ ገየሸ

zeilen

ደመረ

rekenen

ኣንበበ

Lezen

ተመሃረ

leren

ሰርሐ

werken

መርዓወ

trouwen

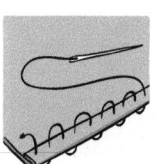

ሰፈየ

naaien

ጽሬት ኣስናን

tandenpoetsen

ቀተለ

doden

ሽጋራ ተከኸ

roken

ሰደደ

sturen

ስድራቤት

familie

ዓባየ
grootmoeder
grootvader
vader
moeder
ማማይ
baby
ጓል
dochter
ወዲ
zoon

ጋሻ
....
gast

ሓትኖ
....
tante

ኣኮ
....
oom

ሓው
....
broer

ሓፍቲ
....
zus

ኣካላት

lichaam

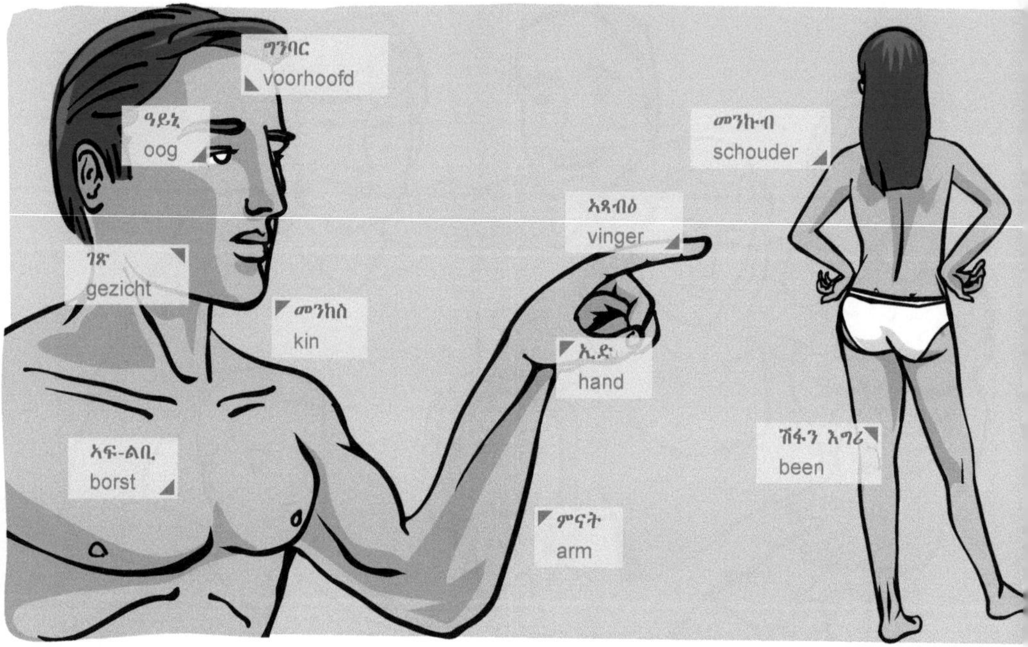

ግንባር
voorhoofd
ዓይኒ
oog
መንኩብ
schouder
ኣጻብዕ
vinger
ገጽ
gezicht
መንከስ
kin
ኢድ
hand
ሽፋን እግሪ
been
ኣፍ-ልቢ
borst
ምናት
arm

ማማይ

baby

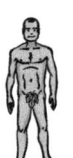

ሰብኣይ

man

ሰበይቲ

vrouw

ጓል

meisje

ወዲ

jongen

ርእሲ

hoofd

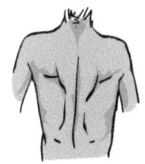

ሕቖ

rug

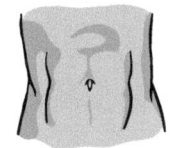

ከስዐ

buik

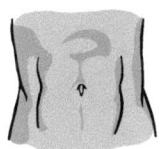

ሕምብርቲ

navel

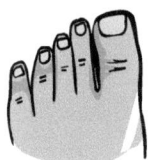

ኣጻብዕ እግሪ

teen

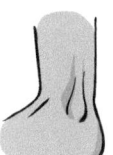

ኩርኾረ

hiel

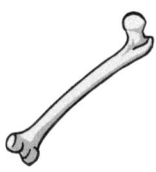

ዓጽሚ

bot

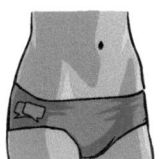

ምሕኩልቲ

heup

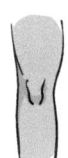

ብርኪ

knie

ፎግፎጎ

elleboog

ኣፍንጫ

neus

መዓኮር

zitvlak

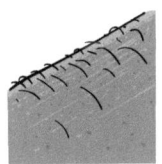

ቆርበት

huid

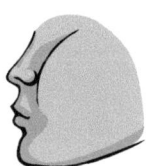

ምዕጉርቲ

wang

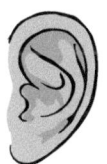

እዝኒ

oor

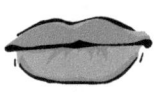

ከንፈር

lip

ኣፍ

mond

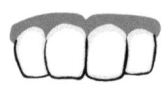

ስኒ

tand

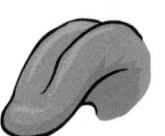

መልሓስ

tong

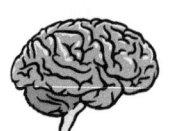

ሓንጎል

hersenen

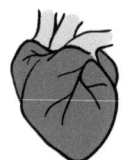

ልቢ

hart

ጭዋዳ

spier

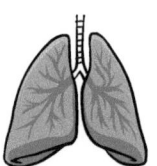

ሳንቡእ

long

ጸላም ከብዲ

lever

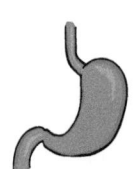

ከብዲ

maag

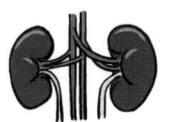

ኵሊት

nieren

ግብረ ስጋ

seks

ኮንዶም

condoom

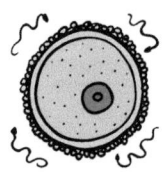

እንቋቑሖ

eicel

ዘርኢ ተባዕታይ

sperma

ጥንሲ

zwangerschap

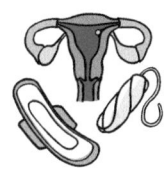

ጽግያት

....

menstruatie

ርሕሚ

....

vagina

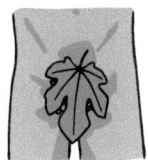

መትሎ

....

penis

ሽፋሽፍቲ

....

wenkbrauw

ጸጉሪ

....

haar

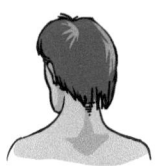

ክሳድ

....

nek

ሆስፒታል
ziekenhuis

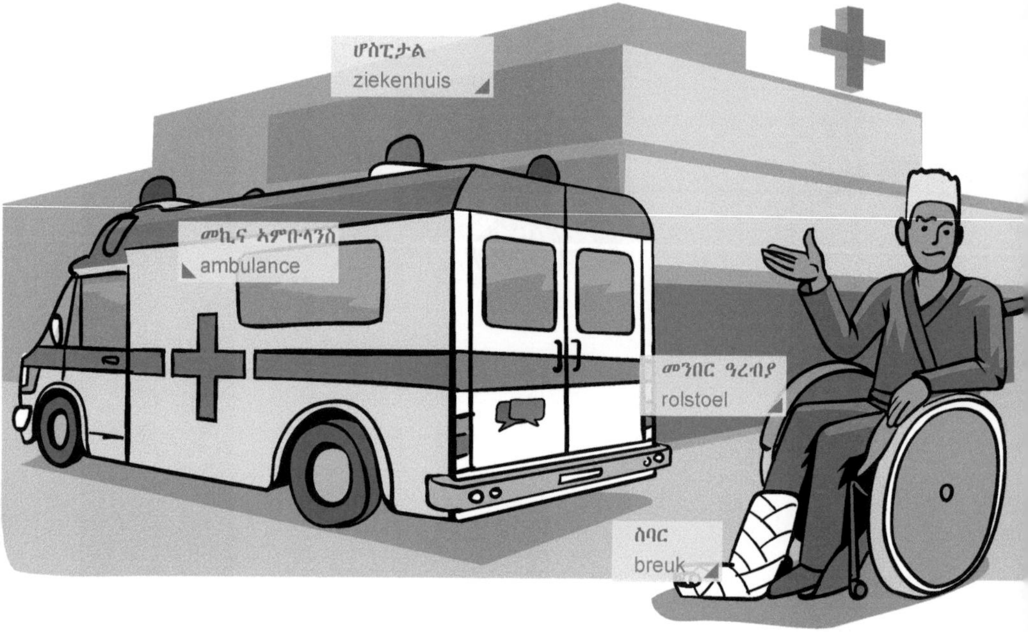

መኪና ኣምቡላንስ
ambulance
መንበር ዓረብያ
rolstoel
ስባር
breuk

ሓኪም

dokter

ክፍሊ ህጹጽ ረድኤት

spoed

ኣላይት

verpleegkundige

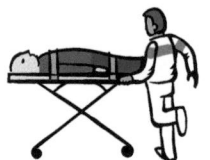

ህጹጽ ኩነት

noodgeval

ውነኡ ዘጥፍአ

bewusteloos

ቃንዛ

pijn

ጉድኣት
....
verwonding

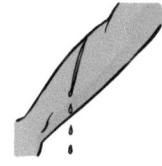

ደም
....
bloeding

ማህረምቲ
....
hartaanval

ማህረምቲ
....
beroerte

ኣለርጂ
....
allergie

ሰዓል
....
hoest

ረስኒ
....
koorts

ኢንፍልወንዛ
....
griep

ውጽኣት
....
diarree

ቃንዛ ርእሲ
....
hoofdpijn

መንሽሮ
....
kanker

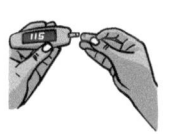

ሹኮርያ
....
diabetes

ሓኪም መጥባሕቲ
....
chirurg

መጥብሒ
....
scalpel

መጥባሕቲ
....
operatie

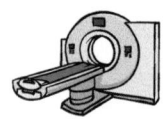

CT

CT

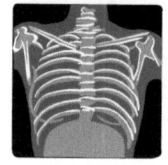

ራጂ

röntgenstraal

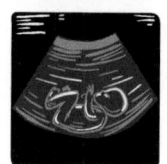

ልዕለ ድምጻዊ

ultrageluid

መሸፈኒ ገጽ

gezichtsmasker

ሕማም

ziekte

ክፍሊ ምጽባይ

wachtkamer

ምርኩስ

kruk

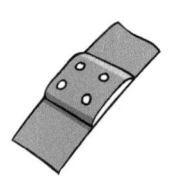

መጀነኒ ቑስሊ

pleister

መጀነኒ

verband

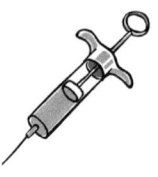

መርፍዕ ምውጋእ

injectie

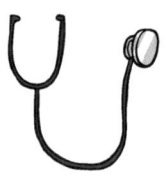

ስተቶስኮፕ

stethoscoop

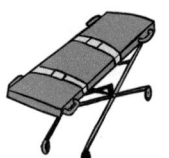

መሰከሚ ሕማም

brancard

ቴርሞመተር

thermometer

ትውልዲ

geboorte

ልዕለ-ሚዛን

overgewicht

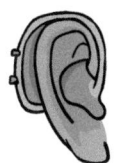

ሓገዝ ምስማዕ

....

hoorapparaat

ኣንጻሂ

....

ontsmettingsmiddel

ልበዳ

....

infectie

ቫይረስ

....

virus

ኤድስ

....

HIV / AIDS

ሕክምና

....

medicijn

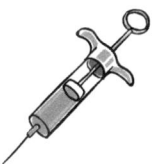

ክታበ

....

vaccinatie

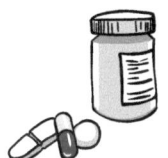

ከኒና

....

tabletten

ከኒና

....

pil

ህጹጽ ምድዋል

....

noodoproep

መዕቀኒ ጸቕጢ ደም

....

bloeddrukmeter

ሕሙም / ጥዑይ

....

ziek / gezond

ህጹጽ ኩነት

noodgeval

ሓገዝ

Help!

ኣላርም

alarm

ምህጃም

overval

መጥቃዕቲ

aanval

ድንገት

gevaar

ህጹጽ መውጽኢ

nooduitgang

ሓዊ!

Brand!

መጥፍኢ ሓዊ

brandblusser

ሓደጋ

ongeval

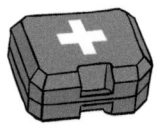

ሳንጣ ቀዳማይ ረድኤት

EHBO-kit

SOS

SOS

ፖሊስ

politie

ኤውሮጳ

Europa

ሰሜን ኣመሪካ

Noord-Amerika

ደቡብ ኣመሪካ

Zuid-Amerika

ኣፍሪቃ

Afrika

ኤስያ

Azië

ኣውስትራልያ

Australië

ኣትላንቲክ

Atlantische Oceaan

ፓሲፊክ

Stille Oceaan

ህንዳዊ ዉቕያኖስ

Indische Oceaan

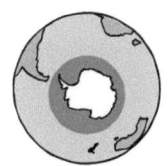

ኣንታርቲካዊ ዉቕያኖስ

Antarctische Oceaan

ኣርክቲካዊ ዉቕያኖስ

Arctische Oceaan

ሰሜናዊ ዋልታ

Noordpool

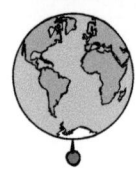

ደቡባዊ ዋልታ

Zuidpool

ኣንታርቲካ

Antarctica

ምድሪ

aarde

መሬት

land

ባሕሪ

zee

ደሴት

eiland

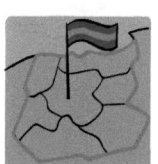

ሃገር

natie

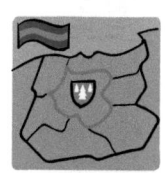

ዓዲ

staat

ገጽ ሰዓት

wijzerplaat

ኣመልካቲ ሰዓታት

uurwijzer

ኣመልካቲ ደቓይቕ

minuutwijzer

ኣመልካቲ ካልኢት

secondewijzer

ሰዓት ክንደይ ኣሎ?

Hoe laat is het?

መዓልቲ

dag

ግዜ

tijd

ሕጂ

nu

ዲጂታል ሰዓት

digitale horloge

ደቒቕ

minuut

ሰዓት

uur

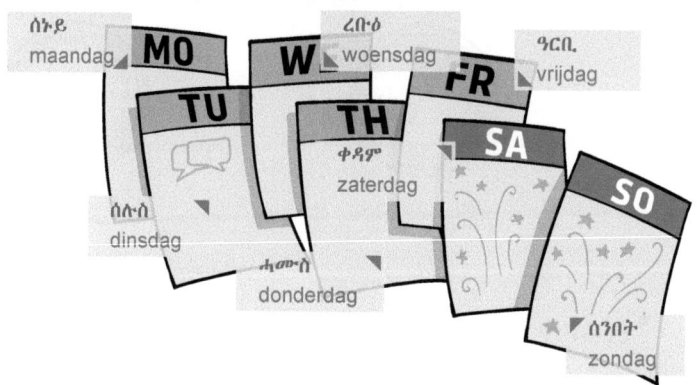

ሰሙን

week

ሰኑይ
maandag
ሰሉስ
dinsdag
ረቡዕ
woensdag
W
ሓሙስ
donderdag
ዓርቢ
vrijdag
ቀዳም
zaterdag
ሰንበት
zondag

ትማሊ

gisteren

ሎሚ

vandaag

ጽባሕ

morgen

ንጉሆ

ochtend

ቀትሪ

middag

ምሸት

avond

መዓልታት ስራሕ

werkdagen

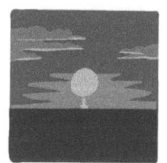

መወዳእታ ሰሙን

weekend

ዝናብ
regen
ቀስተ-ደመና
regenboog
በረድ
sneeuw
ንፋስ
wind
ጽድያ
lente
ቀውዒ
herfst
ሓጋይ
zomer
ክረምቲ
winter

4.APRIL 11°
5.APRIL 4°
6.APRIL 13°
7.APRIL 8°
8.APRIL 10°

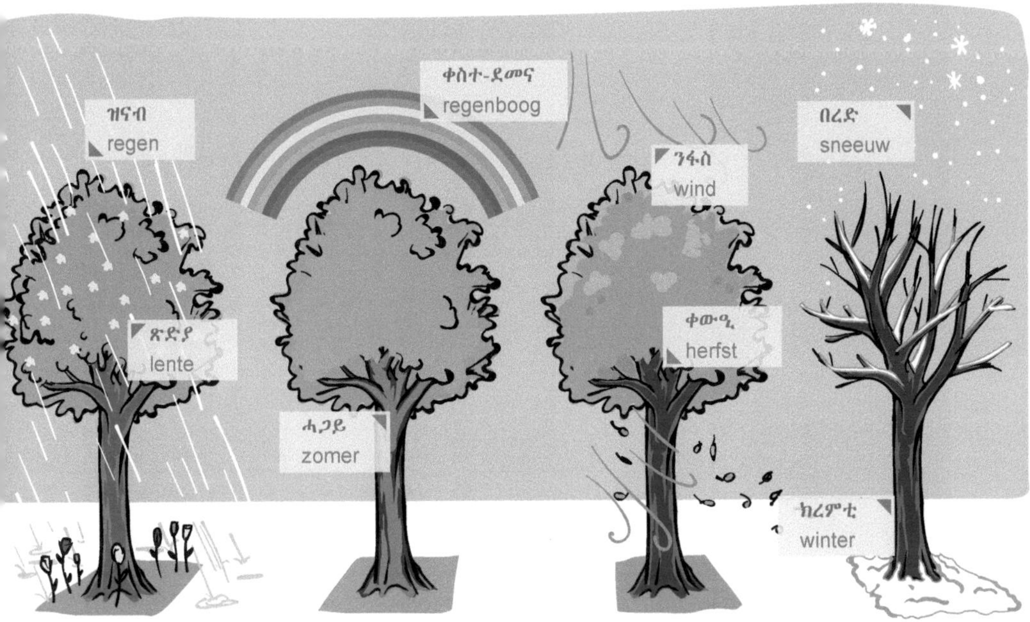

ትንቢት ኩነታት ኣየር
....
weervoorspelling

ቴርሞመተር
....
thermometer

ብርሃን ጸሓይ
....
zonneschijn

ደበና
....
wolk

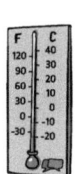

ግመ
....
mist

ጠሊ
....
vochtigheid

ብርቂ

bliksem

ነጐዳ

donder

ህቦብላ

storm

በረድ

hagel

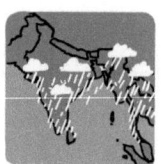

ብርቱዕ ህቦብላ

moesson

ውሕጅ

overstroming

በረድ

ijs

ጥሪ

januari

ለካቲት

februari

መጋቢት

maart

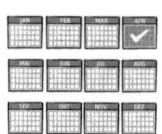

ሚያዝያ

april

ጉንበት

mei

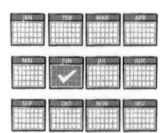

ሰነ

juni

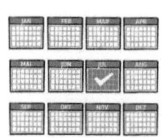

ሓምለ

juli

ነሓሰ

augustus

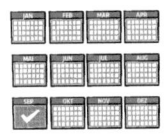

መስከረም

september

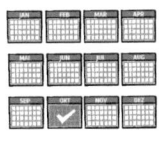

ጥቅምቲ

oktober

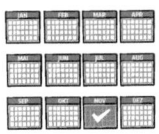

ሕዳር

november

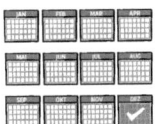

ታሕሳስ

december

ቅርጽታት
vormen

ዙርያ

cirkel

ትርብዒት

kwadraat

ቅኑዕ ርቡዕ ኩርናዕ

rechthoek

ስሉስ ኩርናዕ

driehoek

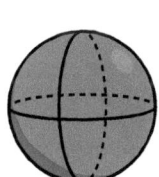

ክቢ

bol

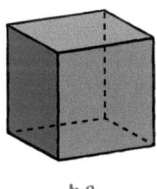

ኩቦ

kubus

ቅርጽታት - vormen 83

ሕብርታት

kleuren

ጻዕዳ

wit

ብጫ

geel

ኣራንሺ

oranje

ፒንክ

roze

ቀይሕ

rood

ጁኽ

paars

ሰማያዊ

blauw

ቀጠልያ

groen

ቡናዊ

bruin

ሓሙኽሽታይ

grijs

ጸሊም

zwart

ኣንጻራት
tegengestelden

ብዙሕ / ውሑድ

veel / weinig

ሕሩቕ / ሰላማዊ

boos / kalm

ጽቡቕ / ክፉእ

mooi / lelijk

መጀመርያ / መወዳእታ

begin / einde

ዓቢ / ንእሽቶ

groot / klein

ብሩህ / ጸልማት

licht / donker

ሓው / ሓፍቲ

broer / zus

ጽሩይ / ርሳሕ

proper / vuil

ምሉእ / ዘይምሉእ

volledig / onvolledig

መዓልቲ / ለይቲ

dag / nacht

ሙዉት / ህልው

dood / levend

ሰፊሕ / ጸቢብ

breed / smal

ደስ ዘበል / ደስ ዘይብል

eetbaar / oneetbaar

እኩይ / ህያዋይ

kwaadaardig / vriendelijk

ርቡጽ / ስልኩይ

opgewonden / verveeld

ረጊድ / ቀጢን

dik / dun

ቀዳማይ / ናይ መወዳእታ

eerst / laatst

ዓርኪ / ጸላኢ

vriend / vijand

ምሉእ / ባዶ

vol / leeg

ተሪር / ልስሉስ

hard / zacht

ከቢድ / ፈኲስ

zwaar / licht

ጥምየት / ጽምየት

honger / dorst

ሕሙም / ጥዑይ

ziek / gezond

ዘይሕጋዊ / ሕጋዊ

illegaal / legaal

መስተውዓሊ / ስዲ

intelligent / dom

ጸጋም / የማን

links / rechts

ቐረባ / ርሑቕ

dichtbij / veraf

ሓዲሽ / ብሉይ
....
nieuw / gebruikt

ዋላ ሓደ / ገለ
....
niets / iets

ዓቢ/ኣረጊት / መንእሰይ
....
oud / jong

ወልዕ / ኣጥፍእ
....
aan / uit

ክፉት / ዕጹው
....
open / dicht

ህዱእ / ዓው
....
stil / luid

ሃብታም / ድኻ
....
rijk / arm

ቅኑዕ / ግጉይ
....
juist / fout

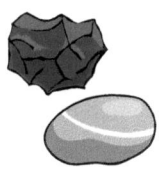

ሓርፋፍ / ልሙጽ
....
ruw / glad

ጉሁይ / ሕጉስ
....
droevig / blij

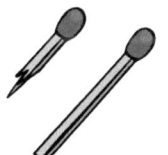

ሓጺር / ነዊሕ
....
kort / lang

ቀስ / ቅልጡፍ
....
traag / snel

ጥሉል / ንቑጽ
....
nat / droog

ምዉቕ / ዝሑል
....
warm / koud

ውግእ / ሰላም
....
oorlog / vrede

ቁጽርታት

cijfers

0

ዜሮ

nui

1

ሓደ

één

2

ክልተ

twee

3

ሰለስተ

drie

4

ኣርባዕተ

vier

5

ሓሙሽተ

vijf

6

ሽዱሽተ

zes

7

ሸውዓተ

zeven

8

ሸሞንተ

acht

9

ትሽዓተ

negen

10

ዓሰርተ

tien

11

ዓሰርተ ሓደ

elf

12

ዓሰርተ ክልተ

twaalf

13

ዓሰርተ ሰለስተ

dertien

14

ዓሰርተ ኣርባዕተ

veertien

15

ዓሰርተ ሓሙሽተ

vijftien

16

ዓሰርተ ሽዱሽተ

zestien

17

ዓሰርተ ሸውዓተ

zeventien

18

ዓሰርተ ሸሞንተ

achtien

19

ዓሰርተ ትሽዓተ

negentien

20

ዕስራ

twintig

100

ሚእቲ

honderd

1.000

ሽሕ

duizend

1.000.000

ሚልዮን

miljoen

ቋንቋታት

Talen

እንግሊዝኛ

Engels

አመሪካዊ እንግሊዛዊ

Amerikaans Engels

ቻይናዊ ማንዳሪን

Chinees (Mandarijn)

ሂንዳዊ

Hindi

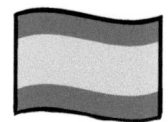

እስጳኛዊ

Spaans

ፈረንሳዊ

Frans

ዓረባዊ

Arabisch

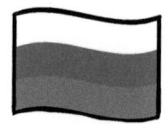

ሩሲያዊ

Russisch

ፖርቱጋላዊ

Portugees

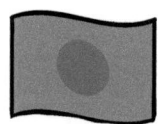

በንጋሊ

Bengali

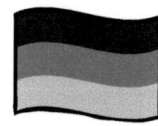

ጀርመናዊ

Duits

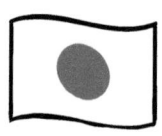

ጃፓናዊ

Japans

መን / እንታይ / ከመይ

wie / wat / hoe

አነ

....

ik

ንስኻ/ኺ

....

u

ንሱ / ንሳ / ንሱ

....

hij / zij / het

ንሕና

....

wij

ንስኻ

....

u

ንሳቶም

....

ze

መን?

....

wie?

እንታይ?

....

wat?

ከመይ?

....

hoe?

ኣበይ?

....

waar?

መዓስ?

....

wanneer?

‘ስም

....

naam

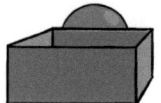

አበይ

waar

ድሕሪ

achter

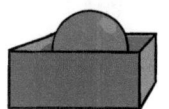

ኣብ

in

ኣብ ቅድሚ

voor

ኣብ ላዕሊ

boven

ኣብ ልዕሊ

op

ትሕቲ ምድሪ

onder

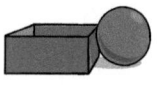

ኣብ ጥቓ

naast

ኣብ መንጎ

tussen

ቦታ

plaats